Paul Leroy-Beaulieu

L'éventualité d'une révolution syndicaliste

Essai

Le code de la propriété intellectuelle du 1er juillet 1992 interdit en effet expressément la photocopie à usage collectif sans autorisation des ayants droit. Or, cette pratique s'est généralisée dans les établissements d'enseignement supérieur, provoquant une baisse brutale des achats de livres et de revues, au point que la possibilité même pour les auteurs de créer des œuvres nouvelles et de les faire éditer correctement est aujourd'hui menacée. En application de la loi du 11 mars 1957, il est interdit de reproduire intégralement ou partiellement le présent ouvrage, sur quelque support que ce soit, sans autorisation de l'Éditeur ou du Centre Français d'Exploitation du Droit de Copie , 20, rue Grands Augustins, 75006 Paris.

ISBN : 978-1722914844

10 9 8 7 6 5 4 3 2 1

Paul Leroy-Beaulieu

L'éventualité d'une révolution syndicaliste

Essai

Table de Matières

Introduction

On sait que le socialisme a, depuis le début du siècle, tout au moins, changé de caractère. Il dédaigne aujourd'hui la doctrine et les débats théoriques. Marx et ses œuvres n'intéressent plus que quelques universitaires attardés qui, en commentant ces vieilleries solennelles, croient à tort faire preuve de nouveauté et d'indépendance d'esprit.

Le socialisme échappe aujourd'hui aux « intellectuels, » aux bourgeois humanitaires et aux politiciens de profession. Il a confié ses espérances et ses destinées aux « prolétaires » eux-mêmes ; c'est parmi les prolétaires exclusivement qu'il recrute ses chefs réels, ses dirigeants effectifs. Il use, à l'excès, des instruments légaux que la faiblesse des gouvernants rend chaque jour plus efficaces pour les audacieux qui s'en servent avec méthode et plus dangereux pour la société. Il s'est constitué des cadres nombreux et, s'il n'a pas encore une armée bien compacte, il s'efforce, de jour en jour, avec un succès croissant, de la rassembler et de la tenir en main.

Agé tout juste d'un quart de siècle, le syndicalisme révolutionnaire, héritier du socialisme, est devenu rapidement en France une puissance réelle. Nous avons étudié [1], il y a un peu plus de deux ans, sa naissance et son développement. Nous avons décrit la « Nouvelle Ecole, » la « Grève Générale, » classée par son principal théoricien, M. Georges Sorel, parmi les « mythes » qui exercent une fascination morale, plutôt qu'ils n'ont une action effective.

Ce « mythe, » aujourd'hui, n'apparaît plus comme une pure chimère : tout au moins doit-on reconnaître qu'il serait susceptible d'une large réalisation partielle. Le syndicalisme se livre à de successifs essais de grèves retentissantes, frappant non plus les industries privées, soumises au régime de la concurrence, mais les services collectifs, dont la régularité est nécessaire au fonctionnement de la vie moderne.

En 1898, on fut menacé d'une grève des chemins de fer. Un ministère radical, présidé par M. Henri Brisson, était au pouvoir ; il montra une certaine énergie, déniant aux employés des voies ferrées le droit de faire grève. Le secrétaire général du syndicat des travailleurs de chemins de fer, M. Guérard, déclarait, en mai 1909,

Paul Leroy-Beaulieu

que la grève échoua alors parce que le gouvernement intercepta les plis contenant les ordres du syndicat à ce sujet. C'eût été, d'ailleurs, de la part des syndicalistes, un effort prématuré ; leur organisation était encore trop rudimentaire. Quelques années s'écoulèrent. En mars 1907, éclata une grève des électriciens à Paris ; elle fut remarquable, moins par la durée, qui fut courte, satisfaction leur ayant été rapidement donnée, que par les déclarations très formelles de chefs marquants des organismes syndicaux, MM. Pataud et Passerieu, des électriciens, Merheim, du syndicat des métallurgistes, Yvetot, secrétaire de la Confédération générale du Travail, Griffuelhes, du même groupement, en faveur de la grève générale. Peu de temps après, en 1909, sévit en Algérie et en Tunisie une grève d'employés de chemins de fer, sur le réseau de Bône-Guelma ; presque en même temps, on en vit une dans le Midi sur le réseau de la Compagnie du Sud de la France. Si le gouvernement recourut, en cette dernière occasion, à la main-d'œuvre militaire, on ne vit pas qu'il posât la question de principe de la légalité d'une grève parmi le personnel des voies ferrées.

Il est à peine besoin de rappeler la première grève des postes, au milieu du mois de mars 1909, puis la deuxième grève, au mois de mai de la même année. Voici enfin que se produit, en octobre 1910, la grève des chemins de fer sur d'importants réseaux métropolitains, grève souvent annoncée, une première fois en 1898, une seconde fois en 1909, mais que l'opinion publique considérait comme une vaine menace. Pendant plusieurs jours, la circulation a été très sérieusement entravée sur le réseau du chemin de fer du Nord et presque suspendue sur une notable partie du réseau de l'Ouest-Etat ; des actes nombreux et odieux de destruction et d'attentat contre les trains, de sabotage, suivant l'expression reçue, ont été commis. Le gouvernement dut recourir non seulement à l'armée, mais à un procédé réservé pour le cas d'immense péril national, à savoir la mobilisation du personnel des chemins de fer. Heureusement, la grève, dès le premier jour, avait avorté sur les réseaux de trois des principales Compagnies, celles de Paris-Lyon-Méditerranée, de l'Est et de l'Orléans ; elle trouva des partisans, mais tardivement et d'une façon sporadique, sur le réseau excentrique de la Compagnie du Midi. L'ordre public triompha.

A la Chambre, M. Briand a remporté deux victoires successives, quoique, par la composition étrange de son second ministère, il ait écarté de lui des concours qui, autrement, lui eussent été acquis.

S'ensuit-il qu'on doive appliquer le proverbe émollient : Tout est bien qui finit bien ; que la victoire de l'ordre puisse être regardée comme certaine et que le public, lui, puisse avoir dans l'avenir une confiance sereine ? Ce serait, certes, là un excès d'optimisme.

L'assaut syndicaliste, jusqu'ici incomplet, se renouvellera certainement contre les pouvoirs publics, et, d'une façon plus générale, contre la société moderne. Est-il interdit de penser que cet assaut pourrait être, à force de préparation, plus général, plus intense et plus soutenu qu'il ne le fut dans ces journées d'octobre ? L'hypothèse d'une révolution syndicaliste doit-elle être tenue pour définitivement écartée ? Ne vaut-il pas la peine, au contraire, de l'examiner, de voir les ressources dont elle disposerait, et de rechercher les moyens de la prévenir ou de la réprimer ?

Cette étude s'impose à notre sens, et pour la bien conduire, il importe de jeter un coup d'œil rapide, d'une part, sur la législation et l'essor des syndicats en France, d'autre part, sur les grèves retentissantes des dernières années.

Section I

C'est, on le sait, M. Waldeck-Rousseau, ministre alors de l'Intérieur pour la seconde fois, qui fit aboutir, après de longues délibérations, la « loi du 21 mars 1884, relative à la création de syndicats professionnels. » Jusque-là, il y avait bien des associations ouvrières de fait ; un certain nombre s'étaient constituées et avaient été tolérées dans la deuxième partie du Second Empire et elles portaient même habituellement le nom de Chambres syndicales, les unes patronales, les autres ouvrières ; elles ne jouissaient d'ailleurs d'aucun statut ; elles vivaient comme vivent nombre de groupements qui n'ont aucune existence légale, mais que les pouvoirs publics ne jugent pas à propos de poursuivre. L'essence de la loi du 26 mars 1884 se trouve dans l'article 2 :

Les syndicats ou associations professionnelles, même de plus de vingt personnes, exerçant la même profession, des métiers simi-

laires ou des professions connexes concourant à l'établissement de produits déterminés, pourront se constituer librement sans l'autorisation du gouvernement.

Ce texte est clair : il s'agit de groupements uniquement professionnels formés entre personnes d'un même métier ou concourant à l'élaboration d'un même produit. On a cherché à indiquer les attributions de ces syndicats dans l'article 3 :

Les syndicats professionnels ont exclusivement pour objet l'étude et la défense des intérêts économiques, industriels, commerciaux et agricoles.

Ici l'expression est naturellement plus générale ; mais, la constitution de ces syndicats formant une dérogation au droit commun, ces termes doivent être pris dans un sens, sinon étroit, du moins limité.

L'article 4 soumet la constitution, des syndicats à certaines formalités légales, peu nombreuses et peu gênantes : les statuts et les noms de ceux qui, à un titre quelconque, seront chargés de l'administration d'un syndicat devront être déposés à la mairie de la localité où le syndicat est établi et, à Paris, à la préfecture de la Seine : les membres chargés de l'administration ou de la direction doivent, en outre, être Français. L'article 6 définit les pouvoirs des syndicats : Les syndicats professionnels de patrons ou d'ouvriers auront le droit d'ester en justice. Ils pourront employer les sommes provenant de cotisations. Toutefois, ils ne pourront acquérir d'autres immeubles que ceux qui seront nécessaires à leurs réunions, à leurs bibliothèques et à des cours d'instruction professionnelle. Ils pourront, sans autorisation, mais en se conformant aux autres dispositions de la loi, constituer entre leurs membres des caisses spéciales de secours mutuels et de retraites. Ils pourront librement créer et administrer des offices de renseignements pour les offres et les demandes de travail. Ils pourront être consultés sur tous les différends et toutes les questions se rattachant à leur spécialité. Dans les affaires contentieuses, les avis du syndicat seront tenus à la disposition des parties, qui pourront en prendre communication et copie.

Cet article est intéressant à deux titres : d'abord, il indique bien le genre d'activité que le législateur reconnaissait aux syndicats et attendait d'eux : des études, des recherches, des renseignements, des cours, des avis, sur ce qui concerne la profession ou le métier ; puis des fondations philanthropiques, caisses notamment de secours mutuels et de retraites. Il serait injuste de prétendre que tous les syndicats aient démenti cette attente du législateur ; on verra plus loin qu'un certain nombre ont créé diverses institutions qui ont été prévues par cet article 5 de la loi de 1884. Le second point qui attire l'attention sur cet article, c'est la restriction au droit d'acquérir des immeubles ; comme aucune restriction de ce genre n'est stipulée pour les biens mobiliers, on doit en conclure que les syndicats peuvent en acquérir sans limites ; mais on pourrait penser que l'emploi qu'ils en font doit avoir une des affectations mentionnées à cet article 6. Quant à la limitation du droit d'acquérir des immeubles, elle est de nouveau formulée dans l'article 8 qui confère au procureur de la République et à tout intéressé le droit de requérir la nullité de l'acquisition ou de la libéralité faite en infraction de l'article 6 et la mise en vente par adjudication des immeubles indûment acquis ou leur restitution aux donateurs ou à leurs ayans cause. On est surpris de ces dispositions et l'on en voit peu la cause. Est-ce une survivance de cette folle terreur de la mainmorte immobilière qui pouvait être justifiée sous l'ancien régime, mais qui n'a aucune raison d'être dans la société présente ? Il est évident que l'aisance ou la richesse induisent à la modération et à l'esprit conservateur. D'opulents syndicats ouvriers offriraient beaucoup plus de garanties de fonctionnement pacifique que des syndicats faméliques.

L'exemple des *Trades Unions* britanniques est là pour le démontrer. Disons à ce propos que le total des fonds des cent principales *Trades Unions* britanniques, à la fin de 1907, s'élevait à 5 638 000 livres sterling, soit 141 millions de francs, représentants livres sterling 17 shillings 6 pence, soit 100 francs en nombre rond par membre. Cette fortune, en ces temps récents, s'accroît de 8 à 10 millions par année. D'autre part, le revenu de ces cent principales *Trades Unions* britanniques, comptant 1 460 000 membres,

Paul Leroy-Beaulieu

atteignait 2 493 000 livres sterling (environ 62 millions et demi de francs [2]. Sans accepter tous les éloges que sir Edward Grey, ministre des Affaires étrangères dans l'actuel Cabinet radical britannique, faisait ces jours-ci (fin d'octobre) des *Trades Unions* et de leur influence pondératrice, il est clair que des organisations aussi opulentes apportent une certaine prudence dans leur activité. Ainsi, dans les dix années finissant en 1907, les cent principales *Trades Unions* britanniques avaient dépensé en secours aux « sans travail, » *unemployed*, la grosse somme de cent millions de francs, dont près de 12 millions de francs en 1907, tandis que pour les trois années les plus récentes, ces associations n'avaient dépensé que 12 millions et demi de francs en frais de grève (*dispute benefits*). On comprend que des organisations aussi fortes et aussi riches, quoique prêtant, par divers côtés, aux critiques, soient, dans une certaine mesure, des instruments de pondération. Aussi, sir Edward Grey, dans ce discours de la fin d'octobre dernier, déplorait-il l'affaiblissement récent de l'autorité morale des *Trades Unions* sur les ouvriers, une partie de ceux-ci refusant de se conformer aux décisions de leur bureau, ce qui rend les grèves plus fréquentes et compromet le fonctionnement du contrat collectif de travail.

On pouvait penser que le législateur français de 1884 aurait voulu faciliter en France la formation et l'essor de groupements analogues aux *Trades Unions* britanniques ; aussi est-il inexplicable qu'il ait mis des entraves au droit pour les syndicats de posséder des immeubles.

Les syndicats en principe, d'après la loi, doivent être des organismes strictement professionnels. Le législateur, cependant, a admis qu'ils formassent des groupements plus vastes ; mais il a encore restreint davantage pour ces groupements supérieurs le droit de posséder. Voici comment s'exprime à leur sujet l'article 5 de la loi :

Les syndicats professionnels régulièrement constitués, d'après les prescriptions de la présente loi, pourront librement se concerter pour l'étude et la défense de leurs intérêts économiques, industriels, commerciaux et agricoles.

Ces Unions devront faire connaître, conformément au deuxième paragraphe de l'article 4, les noms des syndicats qui les composent.

Elles ne pourront posséder aucun immeuble, ni ester en justice.

Ici la défiance du législateur apparaît très visiblement. Il est clair qu'il a conçu ces Unions de syndicats comme étant des organisations incomplètes, peut-être même temporaires, de simples délégations, plutôt que des corps ayant une vie propre, Notons, cependant, que si l'on refuse complètement à ces Unions la faculté d'ester en justice, on ne leur interdit de posséder que des immeubles ; elles ont, par conséquent, toute liberté de posséder des biens mobiliers, d'une façon illimitée.

Cet article 5 autorise-t-il la constitution d'un groupement général permanent et autonome, comme l'est la Confédération générale du Travail, qui prétend comprendre les syndicats les plus divers et les diriger ? Il est évident qu'un pareil organisme était en dehors des intentions et des prévisions du législateur de 1884. Aussi peut-on soutenir que ce groupement autonome, entre des syndicats de tous métiers, par conséquent de métiers différents, ne concourant pas à l'établissement d'un produit déterminé, doit être considéré comme illégal. Cette conclusion paraîtrait d'autant plus justifiée que la loi de 1884 crée pour les syndicats un droit exceptionnel, dérogeant au droit commun et qui doit être entendu dans un sens étroit. Certains jurisconsultes, peu effrayés de l'extrême démocratie et enclins pour elle à quelque complaisance, peuvent, cependant, s'autoriser du silence de la loi pour soutenir qu'un groupement général, permanent, autonome, faisant appel à tous les syndicats sans exception comme la Confédération générale du Travail, n'étant pas formellement interdit par la loi, est licite.

Pour terminer cette analyse nécessaire de la loi de 1884, d'ailleurs très brève, disons qu'elle reconnaît à tout membre d'un syndicat le droit de s'en retirer, nonobstant toute clause contraire et sur la seule obligation de payer sa cotisation de l'année en cours, et qu'enfin elle stipule, pour les infractions à ses prescriptions, des pénalités d'une extrême douceur ; les voici, d'après l'article 9 :

Les infractions aux dispositions des articles 2, 3, 4, 5 et 6 de la

Paul Leroy-Beaulieu

présente loi seront poursuivies contre les directeurs ou administrateurs des syndicats et punies d'une amende de 16 à 200 francs. Les tribunaux pourront, en outre, à la demande du procureur de la République, prononcer la dissolution du syndicat et la nullité des acquisitions d'immeubles faites en violation des dispositions de l'article 6.

Au cas de fausse déclaration relative aux statuts, aux noms et qualités des administrateurs et directeurs, l'amende pourra être portée à 500 francs.

On ne pouvait, certes, édicter une répression plus anodine.

Une des mesures les plus graves de la loi de 1884 sur les syndicats, c'est qu'elle abroge l'article 416 du Code pénal. Cet article était ainsi conçu : « Seront punis d'un emprisonnement de six jours à trois mois et d'une amende de seize à trois cents francs ou de l'une de ces deux peines seulement tous ouvriers, patrons ou entrepreneurs d'ouvrage qui, à l'aide d'amendes, de défenses, proscriptions, interdictions prononcées par suite d'un plan concerté, auront porté atteinte au libre exercice de l'industrie et du travail. » La suppression de cet article a beaucoup facilité l'établissement de la tyrannie syndicale ; les syndicats en ont profité pour proscrire, en bien des cas, l'emploi de non-syndiqués. La jurisprudence s'est efforcée de pallier ce mal en substituant, à l'encontre des auteurs de ces proscriptions ou interdictions, la responsabilité civile, c'est-à-dire pécuniaire, à la responsabilité pénale abolie ; mais comme les auteurs de ces actes dommageables qui ont cessé d'être des délits sont en général dépourvus de moyens pécuniaires, ils échappent, pour la plupart, de fait, à toute responsabilité. Une des premières mesures à prendre, si l'on veut contenir les abus des syndicats, c'est de rétablir l'article 416 du Code pénal.

Quant aux articles 414 et 415 qui ont été maintenus, ils déclarent punissable « quiconque, à l'aide de violences, voies de fait, menaces ou manœuvres frauduleuses, aura amené ou maintenu, tenté d'amener ou maintenir une cessation concertée de travail dans le but de forcer la hausse ou la baisse des salaires ou de porter atteinte au libre exercice de l'industrie ou du travail » et y ajoutent un surcroît de pénalité quand les faits ci-dessus « auront été commis par suite d'un plan concerté. » On sait que ces articles, dans les mois de septembre et d'octobre dernier, alors que la magistrature, sortant de son indifférence et de son inertie, se mettait à réprimer les excès des grèves, ont donné lieu à des jugements ou à des arrêts en sens contraire. Les procureurs de la République poursuivirent nombre de grévistes qui insultaient grossièrement des non-grévistes, mais tandis que certains tribunaux condamnaient, d'autres, à Rouen et à Paris, acquittaient, les injures, si grossières fussent-elles, ne leur paraissant pas avoir le caractère de « violences, voies de fait, menaces ou manœuvres frauduleuses, » seuls actes énoncés comme délictueux dans les articles 414 et 415. Des feuilles gouvernementales s'indignaient parfois de cette mollesse des magistrats, alors que ces feuilles avaient jadis applaudi, ainsi que M. Waldeck-Rousseau lui-même, à la suppression de l'article 416. Le dernier ministère, où M. Barthou était garde des Sceaux et M. Viviani, ministre du Travail, trouvant, sans doute, que la société n'était pas encore assez désarmée et que les non-grévistes étaient encore trop protégés, ont déposé, au nom du gouvernement, un projet de loi pour abroger les articles 414 et 415 du Code pénal ; la Chambre, plutôt faute de temps que par opposition à ces tendances anarchiques, n'a pas jusqu'ici statué sur ce projet de loi ; après les événements récents, on peut penser que, pour un certain temps du moins, il a perdu toute chance d'être voté ; mais comment qualifier l'aberration d'un gouvernement qui a soumis à la Chambre un projet de loi de ce genre ?

Section II

Quand fut proposée et vint en discussion la loi de 1884 sur les syndicats, il s'en fallait que l'universalité de l'opinion lui fût favorable. M. Barthou, qui restera l'un des ministres dont les déclarations à la tribune offrent le plus d'intérêt, en un discours qu'il fit au Sénat, comme ministre des Travaux publics le 5 juin 1908, en faveur du rachat par l'Etat du réseau des chemins de fer de la Compagnie de l'Ouest, s'exprimait ainsi :

Il ne faut pas exagérer dans ce débat l'autorité des Chambres de commerce.

N'ai-je pas le droit de dire qu'il ne s'est jamais produit une réforme de l'ordre social qui n'ait été combattue par elles ? Est-ce que, en 1884, ici même, dans un des plus beaux discours qu'il ait prononcés, l'un des plus magistraux dont ait retenti la tribune française, l'honorable M. Waldeck-Rousseau, ministre de l'Intérieur, ne s'éleva pas contre l'attitude des Chambres de commerce qui, à l'*unanimité*, étaient *hostiles* au projet de loi sur les syndicats professionnels ?

Ainsi parlait M. Barthou, le 5 juin 1908, à la tribune du Sénat. Les moyens nous manquent pour vérifier si les Chambres de commerce étaient, à l'unanimité, hostiles à la loi de 1884 ; il est probable que cette assertion est exagérée. Mais quand un grand nombre de Chambres de commerce, mettons même l'unanimité, eût fait des objections sur l'abrogation par cette loi de l'article 416 du Code pénal et également sur les lacunes de l'article 5 de la loi de 1884 concernant les Unions de syndicats, elles auraient fait preuve de clairvoyance : cela ne peut être aujourd'hui contesté, puisque le gouvernement actuel considère comme d'une suprême importance de combler ces lacunes.

Que dans la discussion de la loi de 1884, M. Waldeck-Rousseau ait prononcé, suivant le panégyrique de M. Barthou, « l'un des plus beaux discours, l'un des plus magistraux dont ait retenti la tribune française, » cela est possible ; mais ce virtuose de la parole était, à un rare degré, privé du don de prévoyance ; il l'a implicitement reconnu lui-même, dans les éloquentes lamentations qu'il fît au Sénat à la fin de sa vie sur l'usage que son successeur faisait de la loi sur les congrégations, dont il était lui-même l'auteur. Il ne montra pas plus de discernement à propos des syndicats et, s'il eût eu une vie plus prolongée, il se serait également et aussi fortement frappé la poitrine au sujet de ce qu'était devenu l'enfant dont il avait, avec tant de légèreté et si peu de précautions, déterminé les conditions d'existence.

La circulaire ministérielle du 25 août 1884 relative aux syndicats professionnels [3] qu'il envoya aux préfets est certainement un des documents qui attestent le plus l'illusion et l'imprévoyance des gouvernants modernes. Elle est empreinte d'un lyrisme effréné en faveur des syndicats : « Le gouvernement et les Chambres, dit M. Waldeck-Rousseau, ne se sont pas laissé effrayer par le péril hypothétique d'une fédération anti-sociale de tous les travailleurs. Pleins de confiance dans la sagesse tant de fois attestée des travailleurs, les pouvoirs publics n'ont envisagé que les bienfaits certains d'une liberté nouvelle qui doit bientôt initier l'intelligence des plus humbles à la conception des plus grands problèmes économiques et sociaux. » Ce sont là de fort belles phrases ; mais, sans contester aucunement la sagesse de la généralité des travailleurs et tout en lui rendant hommage, il eût été bon de se demander s'ils ne pourraient pas devenir la proie d'un certain nombre d'agitateurs hardis, ayant constitué des groupements révolutionnaires énergiques et pratiquant, d'ailleurs, ouvertement le mépris des majorités. Quant à la « Fédération antisociale des travailleurs, » chacun sait qu'elle n'a pas tardé à se constituer : la célèbre « Confédération générale du Travail » date, en effet, de 1895, c'est-à-dire qu'elle n'est que de onze ans postérieure à la loi de 1884 ; ce peu de temps a suffi à son incubation et un temps égal à l'établissement de sa prépotence.

Quelques-uns défendent M. Waldeck-Rousseau du reproche d'imprévoyance en lui attribuant des desseins machiavéliques. Il aurait voulu se servir des syndicats ouvriers, les domestiquer et, suivant l'expression de M. Georges Sorel, « organiser parmi les ouvriers une hiérarchie placée sous la direction de la police [4]. » Dans sa circulaire du 25 août 1884 aux préfets, M. Waldeck-Rousseau, tout en reconnaissant que l'administration ne tient de la loi du 21 mars aucun rôle obligatoire dans la poursuite de la grande œuvre qu'il vient de décrire en termes émus, déclare qu'il n'est pas admissible qu'elle y demeure indifférente et il le dit en termes exprès : « Ainsi ce que j'attends de vous, monsieur le Préfet, c'est un concours actif à l'organisation des associations professionnelles. »

Avec beaucoup d'ingratitude, les syndicats se passèrent, en général, du concours, des conseils et de l'aide des préfets. Peu de temps après naquit, avec la faveur et les subsides des pouvoirs publics, un organisme appelé à tenir un grand rôle dans les secousses qu'éprouve depuis quelque temps le monde du travail. C'est en novembre 1886, deux ans et demi après le vote de la loi sur les syndicats, que M. Mesureur, alors conseiller municipal, postérieurement député et aujourd'hui directeur de l'Assistance publique, fit voter par le Conseil municipal de Paris l'acquisition d'un immeuble, rue Jean-Jacques Rousseau, où devait être provisoirement établie, en attendant la construction d'un édifice spécialement approprié à cet usage, la Bourse du Travail de Paris, première Bourse du Travail de France en date et en importance. Deux mois après, M. Mesurenr, en qualité de délégué du Conseil municipal, inaugurait cet établissement et lui traçait ce programme : « La Bourse du Travail mettra à la disposition de tous, sous une forme simple et pratique, les offres et les demandes de travail et les documents relatifs à la statistique du travail ; elle donnera à cette statistique une publicité large et régulière ; en un mot, elle contiendra tous les organes nécessaires à son but ; si, pour le fonctionnement de tous ses services, des employés lui sont nécessaires, la Ville les lui donnera sans qu'il puisse jamais résulter de leur présence une direction et une tutelle administrative. » Ainsi cette Bourse, création de la Ville, subventionnée sous divers modes par elle, naissait avec une destination toute spéciale et toute technique. L'exemple de Paris était suivi et, peu à peu, nombre de villes de province, à l'imitation de la capitale, constituaient, avec l'aide des deniers publics, des Bourses du Travail.

Ainsi rapidement, en quelques années après la loi de 1884, avaient éclos les syndicats ouvriers, les Bourses du Travail, la Confédération générale du Travail.

Comment ces organes qui, dans la pensée du législateur les ayant, soit explicitement, soit implicitement, dit-on, pour la dernière, autorisés, devaient être des instruments de progrès matériel, moral et intellectuel, se sont-ils transformés en des moyens de discorde et de destruction sociale ?

Section III

Le nombre des syndicats de toute nature, immédiatement après la loi du 21 mars 1884, s'est considérablement et constamment développé. Dix ans après cette loi, en 1894, on en comptait près de 5 000 (exactement 4 965), dont 1 518 syndicats de patrons, 2 178 syndicats d'ouvriers, seulement 177 syndicats mixtes, et 1 092 syndicats agricoles qui ont un caractère spécial et sont des sortes de sociétés coopératives. Le progrès s'effectuait, en général, à raison de 4 à 600 syndicats nouveaux par année. En 1895 et 1890, il y eut une période, sinon d'arrêt, du moins de ralentissement sensible, surtout pour les syndicats d'ouvriers. Puis la multiplication reprit d'une façon accentuée, à partir surtout de l'an 1900, et le nombre des syndicats s'accrut alors, en général, en raison de 600 à 800 et même de 1 100 à 1 200 par an.

D'après le dernier recueil officiel que nous ayons sous les yeux [5], le nombre des syndicats de toute nature au 1er janvier 1908 était de 14 082, dont 3 965 syndicats de patrons, 5 524 syndicats d'ouvriers, 170 syndicats mixtes et 4 423 syndicats agricoles.

Le nombre des syndiqués, depuis surtout le commencement du XXe siècle, ne s'est pas moins accru que celui des syndicats. Il atteint, au 1er janvier 1908, d'après le document officiel, 2 094 417 membres, dont 771 452 pour les syndicats agricoles, 331 475 pour les syndicats de patrons, 957 102 pour les syndicats ouvriers et 34 388 pour les syndicats mixtes, la seule catégorie de syndicats dont le nombre d'affiliés ne se soit pas accru depuis 1899, alors que celui des membres, tant des syndicats de patrons que des syndicats ouvriers, faisait plus que doubler.

Les Unions de syndicats, lesquelles sont autorisées par l'article 5 de la loi de 1884, se sont également, dans la même période, multipliées : on en compte 388 en 1908, dont 122 Unions de syndicats de patrons, 186 de syndicats d'ouvriers, 12 de syndicats mixtes et 68 de syndicats agricoles. Les quatre cinquièmes des syndiqués, soit patrons soit ouvriers, sont membres d'Unions de syndicats, à savoir 301 477 patrons et 764 508 ouvriers.

Cet effectif de membres est-il bien réel ? Tous ces syndiqués inscrits remplissent-ils les obligations syndicales, notamment en ce qui concerne le paiement des cotisations ? Sont-ils tous bien en règle avec le trésor de ces groupements ? Les moyens d'information manquent à ce sujet. Toujours est-il que, d'après les registres officiels, il y avait plus de 957 000 ouvriers syndiqués en 1908, dont plus de 764 000 faisant partie d'Unions de syndicats. Quelle proportion représentent, ces chiffres de syndiqués par rapport à l'ensemble de la population ouvrière ? On trouve quelques indications à ce sujet dans l'*Annuaire des syndicats professionnels* : pour aucun corps d'état le nombre des ouvriers syndiqués n'atteindrait 40 pour 100 du nombre total des ouvriers de la profession : c'est pour les mineurs que la proportion serait la plus élevée : elle y serait de 39, 83 pour 100 ; généralement elle flotterait entre 15 et 20 pour 100 ; mais elle descendrait parfois au-dessous de 10 pour 100. Dans la catégorie intitulée : Transport et manutention, commerce, le nombre des ouvriers syndiqués, qui dépasse 270 000, ne représenterait que 24, 25 pour 100 de l'ensemble des ouvriers de la catégorie [6].

On peut admettre que, avec le développement qui a dû s'effectuer du nombre et de l'effectif des syndicats d'ouvriers depuis 1908, les syndicats d'ouvriers industriels et commerciaux, en laissant de côté les syndicats agricoles, comprennent environ 1 million de membres pour environ 6 millions d'ouvriers de ces catégories : un sur six et, dans aucun corps d'état, un sur deux.

Les Bourses du Travail se sont, de leur côté, multipliées dans le même intervalle ; on en comptait 142 en 1908, ayant 2 667 syndicats affiliés et 434 387 syndiqués adhérents.

Si tous ces organismes étaient restés fidèles aux principes et à l'esprit de la loi de 1884, s'ils s'étaient préoccupés, exclusivement ou même principalement, de l'étude et de la défense des intérêts économiques, industriels et commerciaux de la profession, s'ils s'étaient surtout efforcés de « créer et d'administrer des offices de renseignements pour les offres et les demandes de travail, » de fonder et d'ouvrir à leurs adhérents des bibliothèques et des cours d'instruction professionnelle, de constituer entre leurs membres des caisses spéciales de secours mutuels et de retraites, toutes attributions que visait en son article 6 la loi de 1884, on peut dire que le but de cette loi eût été rempli et que ces organismes auraient, conformément aux termes de la circulaire de M. Waldeck-Rousseau en date de la même année, efficacement aidé au progrès matériel, moral et intellectuel.

Un certain nombre de syndicats, non seulement agricoles, qui constituent une catégorie à part spécialement recommandable, non seulement de patrons, non seulement mixtes, mais même de syndicats ouvriers ont déployé cette activité bienfaisante.

L'Annuaire des syndicats pour 1909 contient le tableau des institutions et créations diverses des syndicats professionnels au 1er janvier 1905 ; ces renseignements sont déjà un peu anciens, et il est regrettable que l'Annuaire officiel ne les tienne pas plus au courant. On comptait à cette date 8253 fondations de ce genre ; en en déduisant 625 qui ne consistent qu'en la publication de journaux ou de bulletins, il reste 7 628 créations. Le plus grand nombre, soit 6 533, émanent de syndicats ouvriers ou d'unions de syndicats ouvriers : 1290 concernent des bureaux ou offices de placement, 1 412 des bibliothèques professionnelles, 446 des cours et des écoles professionnelles, 13 des laboratoires d'analyses ou d'expertises, 19 des concours professionnels ou des expositions, 10 des champs d'expérience : à côté de ces fondations techniques, les institutions fraternelles ou philanthropiques tiennent une certaine place dans les créations des syndicats ouvriers : on relate, en effet, 1 037 caisses de secours mutuels, 743 caisses de chômage : on doit supposer qu'il s'agit ici du chômage involontaire, et non de celui qui résulte de grèves ; 972 caisses de secours de route ; 95 caisses de retraite ; 75 caisses de crédit mutuel ; 126 sociétés coopératives de consommation ou économats ; 64 sociétés coopératives de production ; enfin 2 organisations d'assurances contre les accidents. En laissant de côté les journaux et bulletins, les offices de placement, les bibliothèques, cours et organes analogues, il y avait ainsi, en 1905, 3 100 fondations de syndicats ouvriers consistant en caisses diverses de secours et en organisations philanthropiques. Le nombre a dû, dans une certaine mesure, s'en accroître. On n'indique pas l'importance pécuniaire de ces institutions, il est probable qu'elle est assez modique ; néanmoins, ces 3 100 caisses n'eussent-elles que quelques milliers de francs ou même quelques centaines de francs chacune en moyenne, on devrait reconnaître, vu l'origine récente des syndicats, qu'il y a là un effort méritoire. On mentionne spécialement, mais toujours sans aucune indication sur leur importance pécuniaire, la Caisse de Secours mutuels, la Caisse de chômage, la Caisse de secours de route de la Fédération française des travailleurs du livre, comprenant 170 sections locales réparties sur 80 départements, ainsi que la Caisse de chômage et la Caisse de secours de route de la Fédération des ouvriers mécaniciens comprenant 50 sections locales réparties sur 35 départements. Tout en pensant que la plupart de ces institutions doivent être assez rudimentaires, elles suffisent pour qu'on ne soit pas fondé à dire que les syndicats ouvriers, âgés d'un quart de siècle environ, ont complètement dédaigné les attributions que leur conférait l'article 6 de la loi du 21 mars 1884.

Il faut bien reconnaître, toutefois, que l'activité syndicaliste s'est surtout signalée dans un domaine tout différent. Dès les premières années qui ont suivi le vote de la loi, il est apparu qu'un grand nombre de syndicats ouvriers dédaignaient systématiquement les œuvres professionnelles pacifiques et entendaient se transformer en instruments de la lutte de classes. Les syndicats manifestement révolutionnaires ont rapidement accaparé la scène publique et ont visé à la prépotence, à l'absolue domination du monde du travail. Un des rares ministres prévoyants et énergiques, qu'ait possédés la France depuis trente ans, M. Charles Dupuy, ministre de l'Intérieur et président du Conseil, ému des manifestations bruyantes de certains syndicats ouvriers ayant leur siège à la Bourse du Travail de Paris, fit faire, en 1893, une enquête à leur sujet. Il en résulta que la plupart de ces syndicats étaient illégalement constitués, leur bureau n'ayant pas fait les déclarations exigées par la loi. On a vu plus haut combien restreintes et faciles sont les formalités prescrites pour la légalité des syndicats par la loi de 1884 ; néanmoins, les syndicats révolutionnaires, qui foisonnent, font profession de les méconnaître et de ne pas s'y soumettre. Procédant avec modération, M. Charles Dupuy, par l'intermédiaire du préfet de la Seine, fit mettre les syndicats irréguliers en demeure de remplir les formalités légales et, comme ils s'y refusaient, il fit fermer, plutôt que de laisser violer la loi, la Bourse du Travail de Paris.

C'était là une leçon qui eût mérité d'être suivie : s'il en eût été ainsi, si, à toutes leurs usurpations on eût opposé les répressions légales, tout insuffisantes qu'elles fussent, il est certain que les syndicats se seraient moins écartés de la fonction spéciale que la loi leur assignait : tout au moins, la propagande révolutionnaire n'eût-elle pu s'y organiser au grand jour, avec la tolérance des pouvoirs publics et user ouvertement d'intimidation et de violences sur les ouvriers paisibles. Malheureusement, la fermeté de M. Charles Dupuy ne fut aucunement imitée par ses successeurs. Tout au contraire, L'un d'eux, et non le moins célèbre, M. Waldeck-Rousseau, entra en coquetterie déclarée avec les syndicats révolutionnaires ; pour lutter contre les nationalistes et pour froisser et contrecarrer les progressistes, dont il avait été naguère le chef, il laissa parader les syndicats révolutionnaires avec leurs drapeaux rouges, devant les tribunes officielles et le président de la République, à l'inauguration du monument de Dalou sur la place de la Nation. M. Georges Sorel va jusqu'à dire qu'il y avait un accord formel, un concert arrêté, à ce sujet, entre M. Waldeck-Rousseau et les syndicats rouges [7]. Nous laissons à l'écrivain socialiste la responsabilité de cette assertion ; tout au moins, s'il n'y eut pas accord, il y eut tolérance et en quelque sorte sympathie momentanée.

Il en a été ainsi de 1898 jusqu'aux heures toutes récentes : le fameux bloc de gauche fut sinon bienveillant, du moins indulgent pour les syndicats révolutionnaires. Il les laissa étendre leur action, sans aucun effort pour l'entraver et la contenir dans les limites légales. Les violences des grèves ne furent ni prévenues, ni châtiées ; l'odieuse « chasse aux renards, » où l'on outrageait, molestait et volait même les malheureux qui ne se soumettaient pas aux injonctions des syndicats, se poursuivit pendant toute une série d'années sans être, en général, gênée soit par la police, soit par les magistrats.

On vit, à ce sujet, des faits de la plus rare extravagance : au cours de l'été de 1908, lors des grèves sanglantes et répétées de Draveil, un des agitateurs, payé 8 fr. 50 par jour, comme cela a été reconnu, pour faire de la propagande gréviste, avait été condamné, quelque temps auparavant, à quatre mois de prison pour vol et était parvenu à esquiver sa peine en se dérobant à la justice. Dans une bagarre, la police mit la main sur lui ; il était naturel, semble-t-il, de le retenir pour lui faire faire ces quatre mois de prison encourus pour délit de droit commun ; mais, après mûre délibération, le gouvernement le fit relâcher, considérant qu'un agitateur gréviste, même condamné pour vol, doit jouir d'un sauf-conduit pendant tout le temps de la grève. Et voici un autre acte qui fait encore plus ressortir la prodigieuse faiblesse gouvernementale : au même moment, le gouvernement ordonnait des poursuites contre un maréchal des logis de gendarmerie et ses gendarmes, qui, menacés et pressés par une foule hostile, avaient recouru à leurs armes. Le Conseil militaire, devant lequel le maréchal des logis avait été renvoyé, se prononça en sa faveur, à l'unanimité sur un point et à l'unanimité

Paul Leroy-Beaulieu

moins une voix sur un autre. Mais l'ordre de poursuites n'en avait pas moins semé le découragement parmi les défenseurs de l'ordre et l'exaltation parmi les révolutionnaires.

Cela se passait sous le ministère Clemenceau ; mais, depuis 1898 jusqu'aux premiers mois tout au moins de 1910, il en fut toujours ainsi : les actes les plus violents des syndicats, les sauvageries les plus inexcusables des grévistes furent considérés comme des peccadilles sur lesquelles il fallait fermer les yeux. Le gouvernement, d'ailleurs, dans l'ordre des idées, soutenait manifestement des doctrines, dont les conséquences l'embarrassaient parfois, sans qu'il osât les réprimer, dans l'ordre des faits. C'est ainsi qu'il créait des chaires nouvelles, dans les principaux établissements d'enseignement, pour en investir des socialistes notoires et y faire prêcher le socialisme et le syndicalisme : il fondait une de ces chaires notamment à l'Ecole polytechnique, pour que les futurs officiers fussent imprégnés des idées syndicalistes et socialistes, sans qu'il prît la peine de réfléchir qu'il pourrait être obligé de s'adresser un jour à eux pour réprimer les excès syndicaux. On peut dire, sans exagération, que si l'athéisme est la doctrine morale que le gouvernement laisse, sinon fait prêcher dans un trop grand nombre d'écoles, le socialisme et le syndicalisme intégral sont la doctrine sociale qu'il n'a cessé de soutenir et d'encourager depuis une douzaine d'années. A peine apparaît-il que cet aveuglement gouvernemental ou plutôt peut-être ce parti pris de chercher à se concilier, en les ménageant et les flattant, tous les éléments subversifs, commence aujourd'hui à s'atténuer.

Section IV

Les yeux du gouvernement, si son parti pris de constantes concessions aux éléments révolutionnaires ne fût devenu chez lui une habitude invincible, eussent dû s'ouvrir, à partir de 1908, sur les résultats de la propagande anti-sociale dans le personnel des administrations nationales et des services publics. Nous avons décrit ailleurs les causes de la désaffection de nombre de fonctionnaires et les griefs légitimes qu'ils entretiennent contre le gouvernement[8]. Les inadmissibles procédés des administrations publiques envers leurs agents devaient porter ceux-ci à se concerter pour défendre leur situation et leurs droits.

Il suffit de rappeler les difficultés que suscitèrent les fédérations des « Amicales » d'instituteurs. Au mois d'avril 1908, un acte tout à fait grave se produisait : le Congrès des P. T. T. composé des sous-agents des postes, télégraphes et téléphones, c'est-à-dire des facteurs et employés inférieurs, après une longue discussion votait un ordre du jour décidant en principe son adhésion à la Confédération générale du Travail et chargeait les membres du Conseil syndical des P. T. T. de faire en ce sens le nécessaire. Voici comment il motivait cette résolution :

Le Congrès du Syndicat national des sous-agents des postes, télégraphes et téléphones,

Considérant que la Confédération générale du Travail est l'expression vivante et agissante de la solidarité prolétarienne ;

Qu'elle est actuellement le trait d'union indispensable entre toutes les organisations syndicales ;

Qu'aucune organisation consciente de ses devoirs de solidarité ne doit rester en dehors de la Confédération générale du Travail ;

Considérant, d'autre part, que les sous-agents des P. T. T. salariés de l'État ont, comme tous les autres salariés, des revendications à présenter à leur employeur, l'État patron ;

Qu'ils ne sauraient confirmer la thèse gouvernementale qui dresse une barrière entre le prolétariat administratif et le salariat de l'industrie privée ;

Qu'en adhérant à la Confédération générale du Travail, ils accomplissent leur devoir de solidarité ouvrière ;

Que les syndicats ouvriers ont, en toute occasion, appuyé et encouragé les revendications des salariés de l'État,

Déclarent adhérer à la Confédération générale du Travail.

C'était là un acte des plus graves : les employés du gouvernement passaient ainsi, toutes enseignes déployées, à une association manifestement révolutionnaire. Le gouvernement ne prit aucune mesure sérieuse pour s'y opposer. Il eût pu présenter et faire voter

Paul Leroy-Beaulieu

une loi sur le statut des fonctionnaires : on attend encore ce vote. Chose curieuse, les agents des P. T. T., quand ils adhérèrent à la Confédération générale du Travail, n'avaient pas encore de syndicat régulier ; ils en fondèrent un en mai 1909 : c'est seulement ces jours-ci, en octobre 1910, que par un arrêt très sérieusement motivé, la Cour de Paris a déclaré illégal ce syndicat des P. T. T. Il est intéressant de reproduire les termes de cet arrêt :

Attendu que les prévenus ont constitué un syndicat dont les statuts ont été déposés le 4 mai 1909 et qu'ils ont dénommé « Syndicat national des agents des postes, télégraphes et téléphones, » mais qu'ils étaient sans droit pour se prévaloir des dispositions de la loi du 21 mars 1884 ;

Qu'en effet, le texte de cette loi et les travaux préparatoires témoignent suffisamment que le législateur n'a entendu donner l'autorisation de former un syndicat qu'aux ouvriers et employés travaillant pour le compte d'un patron qui, par un droit corrélatif, bénéficiait de la même faculté ;

Que la loi qualifie le syndicat qu'elle institue « Syndicat professionnel de patrons ou ouvriers ; » que les travaux préparatoires emploient les mêmes expressions et que, dans la discussion législative, il est fait allusion aux relations du capital et du travail ;

Considérant dès lors que la loi est inapplicable aux agents des postes, télégraphes et téléphones qui ne peuvent se dire au service d'un patron et dont les rapports de subordonnés vis-à-vis de l'État ne sauraient être assimilés à ceux qui existent entre patrons et ouvriers libres de discuter ensemble leurs intérêts respectifs concernant le capital et le travail,

Par ces motifs, confirme le jugement du 26 juillet 1909.

Le texte de cet arrêt défie toute critique : il est incontestable, en fait, que le législateur de 1884 n'avait nullement songé à étendre les syndicats aux employés des administrations publiques, lesquelles sont soustraites au régime de la concurrence, ont des méthodes spéciales de recrutement, de rémunération et de retraites, et assurent à leur personnel des avantages notables qui constituent de véritables privilèges.

Ce ne sont pas seulement les employés directs de l'Etat qui sont ainsi, par la nature des choses, soustraits à ce que l'on appelle le droit commun ; ce sont aussi ceux de tous les services publics, alors même qu'ils ont fait l'objet de concessions à des Compagnies, lesquelles concessions ne sont jamais accordées qu'avec un cahier des charges précis et détaillé.

Or, c'est surtout au sein du personnel de ces services publics que la Confédération générale du Travail a exercé son infatigable propagande pour susciter des grèves nombreuses. Au moment où les employés des P. T. T. adhéraient à la Confédération, cette association pouvait se vanter déjà de victoires impressionnantes.

Au mois de mars 1907 avait éclaté la grève des électriciens de Paris, c'est-à-dire des employés des Compagnies concessionnaires des secteurs pour l'éclairage et la force électriques. Cette grève se produisait dans des conditions très originales : c'était une grève préventive et d'intimidation, les grévistes ne réclamaient ni augmentation de salaires, ni diminution de la journée de travail. Ils jugeaient que les clauses, alors en discussion à l'Hôtel de Ville, d'un projet de concession de l'éclairage électrique ne leur allouaient pas de pensions assez élevées ; ils voulaient donner aux pouvoirs publics un avertissement ; celui-ci fut entendu ; les grévistes obtinrent tout ce qu'ils voulurent.

C'est ce coup de maître qui rendit fameux le nom de M. Pataud et qui l'induisit à recommencer différentes fois ce genre d'avertissements. Le lendemain de cette grève heureuse, le journal *Le Matin*, en son numéro du 11 mars et sous le titre en gros caractère de : « Déclaration de guerre. Les vainqueurs du 9 mars indiquent comment on prépare la grève générale, la marche vers le Révolution sociale, » publiait différentes interviews qu'il avait eues non seulement avec le secrétaire général du syndicat des travailleurs ou des industries électriques, M. Pataud et avec M. Passerieu, secrétaire adjoint du même groupement, mais encore avec M. Merheim, secrétaire-adjoint du syndicat des métallurgistes, avec M. Yvetot, secrétaire de la Confédération générale du Travail, avec enfin M. Griffuelhes, de la même association.

Les déclarations de tous ces membres importants des états-majors syndicalistes étaient concordantes et triomphantes. Elles méritent d'être reproduites :

Ce que nous avons accompli dans notre industrie particulière, disait M. Pataud, qu'est-ce qui empêche nos camarades ouvriers de l'accomplir ailleurs dans toutes les industries importantes : au service du gaz par exemple et aux transports ? Ce serait du coup la *Révolution économique* par des moyens beaucoup plus sûrs que les mauvais fusils et les barricades de nos pères. Ce qui manque aux ouvriers, c'est l'organisation uniquement. Et notre expérience d'hier montre combien il est facile de nous organiser. Le mot d'ordre a circulé dans trente stations différentes, entre 1 800 hommes, sans une indiscrétion. Le gouvernement a été surpris, tout le monde a été surpris. Dans d'autres corporations, où le personnel est beaucoup plus nombreux, où pullulent les indécis et les traîtres, il suffirait de préparer de bons cadres, de bons sergents et caporaux. Tout antimilitaristes que nous sommes, nous devons être capables de mener militairement notre guerre. Ayons seulement de bons cadres, et la grève marchera partout comme elle a marché ici.

Nous avons souligné cette expression : la *Révolution économique* ; les chefs syndicalistes, en effet, dédaignent toute révolution politique. Pour caractériser la grève du genre de celle des électriciens, M. Pataud avait trouvé un mot admirable : « la grève spontanée, » c'est-à-dire sans que personne autre que les grévistes ait été prévenu et sans que rien ait transpiré.

Les déclarations des autres membres consultés des organisations ouvrières étaient également topiques : ces mots de M. Yvetot, secrétaire de la Confédération générale du Travail, méritent d'être cités :

La menace de l'action directe a tout fait. On a été épouvanté de ce que pouvaient les électriciens avec les moyens dont ils disposent, et l'on a cédé tout de suite. On disait : Les ouvriers ne s'entendront jamais. On vient de voir qu'il suffit aux ouvriers de s'entendre une heure pour que tout croule devant eux. Ils n'ont qu'à vouloir et tout leur appartient.

Aucun de ceux qui décidèrent et dirigèrent cette grève dite *spontanée*, la grève modèle, la grève type, n'en éprouva un préjudice quelconque. On eût pu, tout au moins, si l'on jugeait la législation inefficace, en combler les lacunes pour que des faits aussi regrettables n'eussent pas de chances de se reproduire. Le gouvernement, avec un optimisme béat, ne fit rien. C'est inutilement qu'on lui signala les mesures édictées pour des cas analogues dans la législation britannique. Il est bon de rappeler ici ces mesures : elles se trouvent dans *An act for amending the law relating to conspiracy and to the protection of property, and for other purposes* (38 et 39 Victoria, ch. 86).

ART. 4. — Tout individu employé, soit par les autorités municipales, soit par une Compagnie privée, soit par un entrepreneur, à la fourniture du gaz ou de l'eau pour les besoins d'une ville entière ou d'un quartier d'une ville, qui rompra son engagement volontairement et dans une intention malveillante, sachant ou ayant raisonnable motif de penser que la conséquence probable de cet acte, qu'il soit commis par lui seul ou avec d'autres, sera de priver d'eau ou de gaz tout ou partie des habitants de cette ville, sera condamné, par la Cour de juridiction sommaire ou sur un acte d'accusation, à une amende n'excédant pas 30 livres sterling (750 fr.) ou à la prison, avec ou sans travail forcé, pour un temps n'excédant pas trois mois.

Toute autorité municipale, Compagnie privée ou entrepreneur chargé de ces fournitures d'eau ou de gaz, fera afficher le texte du présent article dans un endroit apparent de ses ateliers et fera renouveler au besoin le placard. Peine : pour défaut d'affichage, amende de S livres (125 fr.) au plus par jour ; pour lacération de ces affiches, amende de 50 shillings (62 fr. 50) au plus.

ART. 5. — Quiconque volontairement et par malveillance, seul ou avec d'autres, rompt son contrat de service sachant ou ayant raisonnable motif de penser qu'il met ainsi en péril la vie humaine ou les propriétés, sera condamné à une amende de 30 livres (750 fr.) au plus, ou à la prison pour une durée de trois mois au plus, avec ou sans travail forcé [9].

Paul Leroy-Beaulieu

Si l'article 4 de cette loi ne s'applique qu'aux services d'eau et de gaz et, par extension sans doute, d'éclairage électrique, l'article 5 est beaucoup plus compréhensif et peut s'appliquer à la presque généralité des services publics. Ici en France, aucun des auteurs du méfait ne pâtit : les pouvoirs publics paraissent le considérer, suivant une locution vulgaire, comme une bonne plaisanterie.

Trop heureuse avait été cette grève « spontanée » des électriciens pour qu'elle ne suscitât pas bientôt des tentatives analogues. Deux ans après, en effet, il s'en produisit une autre, et ce fut dans l'un des plus importants services publics, celui des postes, télégraphes et téléphones. Cette nouvelle grève « spontanée » éclata au mois de mars 1909. La Chambre des députés fit montre d'opposer à cette désertion des services publics une résistance énergique. Dans la journée du vendredi 19 mars, elle adopta par 412 voix contre 57 une motion qui débutait ainsi : « La Chambre résolue à ne pas tolérer les grèves de fonctionnaires… » Les 57 opposants étaient des socialistes purs. Par d'autres votes, à une majorité moins considérable, 346 voix contre 118, la Chambre exprima sa confiance dans le ministère Clemenceau et approuva ses déclarations. Elle repoussa, par 322 voix contre 178, la nomination d'une Commission d'enquête, afin d'écarter tout ce que les grévistes auraient pu invoquer comme une atténuation de la réprobation qu'excitait la grève et de ne mettre aucune entrave à l'action du gouvernement. Enfin, mais cela était une surérogation superflue, elle ordonna par 282 voix contre 115 l'affichage du discours de M. Barthou, alors ministre des Travaux publics, qui condamnait vivement la grève.

La magistrature, sortant de son indifférence habituelle, en pareille matière, voulut manifester son réveil par des rigueurs inattendues : elle condamna à six jours de prison, sans application de la loi de sursis, pour « outrages, » six employés qui, au milieu de beaucoup d'autres, avaient crié : « Conspuez Simyan, » le sous-secrétaire d'État aux Postes et Télégraphes. L'opinion publique, le commerce se montrèrent également résolus. La Chambre de commerce de Paris, malgré les critiques que M. Barthou avait faites, on l'a vu plus haut, moins d'un an auparavant, à l'endroit de l'esprit de ce corps, et les syndicats patronaux organisèrent des services provisoires de dépouillement et de distribution des correspondances, pour suppléer à ceux que la grève avaient suspendus. Bien plus, les organes divers des commerçants, bien loin de solliciter que le gouvernement cédât aux exigences des grévistes, l'encouragèrent avec une louable prévoyance à la résistance. M. Lefebvre, président de la Chambre de commerce de Paris, au nom de ce corps, et les chefs de huit importants syndicats commerciaux signèrent et rendirent publique la déclaration suivante : « Ils tiennent, disaient-ils, à déclarer nettement que, quel que soit le préjudice qui lui est causé (au commerce parisien), ils ne sauraient aucunement approuver une solution qui, pour limiter les conséquences d'une interruption désastreuse des transactions, paraîtrait considérer comme légitime le droit de grève des services publics. »

Dans ces circonstances critiques, la première explosion de grève dans une administration d'Etat, tout le monde montra de la fermeté, sauf le gouvernement. Celui-ci ne songea qu'à mettre fin le plus tôt possible, par des procédés équivoques, des promesses ou des apparences de promesses, à la suspension du travail. MM. Clemenceau et Barthou reçurent une délégation des postiers et télégraphistes, dans laquelle figurait l'un des condamnés à la prison. « Les ministres se sont traînés à nos genoux, » dit dans une réunion publique un des délégués ; certes, l'expression était fausse au sens réel, mais elle n'était peut-être pas trop exagérée au sens figuré. Un des délégués déclarait aussi dans une réunion de postiers : « Nous rentrons la tête haute ; c'est à ceux qui sont restés dans les bureaux d'avoir maintenant la tête basse. » Tel est l'épilogue habituel de la plupart, des grèves de cette nature.

Le gouvernement avait obtenu la rentrée des grévistes par des promesses ou tout au moins par des paroles équivoques. Il sembla ne pas y conformer sa conduite. Une seconde grève des P. T. T. éclata au milieu de mai. Cette fois, le gouvernement fit mine de sévir : dès le premier jour, il révoqua 221 postiers, puis il éleva le nombre des révocations à 600 environ. Les grévistes intimidés et trouvant l'opinion publique adverse reprirent le travail au bout de quelques jours. On sait que, graduellement, tous les révoqués, sauf une ou deux dizaines, furent réintégrés.

Au cours de cette seconde grève des postes, il se produisit un fait, dont on méconnut alors l'importance : les postiers grévistes s'abouchèrent avec le syndicat des employés de chemins de fer et lui demandèrent son concours. Dans un meeting du 17 mai 1909, le secrétaire général du Syndicat national des cheminots ou travailleurs des chemins de fer, M. Guérard, s'exprima en des termes qui méritent d'être signalés et retenus : il s'agissait de susciter une grève simultanée des postes et des chemins de fer :

Dans quelques jours, dit M. Guérard, votre Conseil et votre Comité de grève dépouilleront le *referendum*. Si la réponse est favorable à la grève, comme le croient tous nos militants, nos mesures sont prises. Tout le monde sera avisé en temps utile, non de manière mystérieuse, mais publiquement par la voie de la presse. Nous voulons éviter qu'on puisse intercepter, comme cela s'est fait en 1898, les plis portant l'ordre de grève.

Le secrétaire général du Syndicat des chemins de fer déclarait que la grève des voies ferrées n'aurait pas besoin de se prolonger pour amener à capitulation les pouvoirs publics.

Si les Halles centrales, disait-il, cessaient de recevoir pendant plus de trois jours les trains de vivres qui les alimentent, ce serait, en effet, la famine à bref délai.

Profitant de la leçon qui vient de nous être donnée par la grève des postes, nous ne nous contenterons pas de promesses. Et quel que soit le désarroi provoqué par notre mouvement, nous ne reprendrons le travail qu'après avoir satisfaction sur tous les points !

On peut regretter qu'il n'y ait pas eu entente préalable entre les chemins de fer et les postiers. Il est évident que cette entente concertée eût entraîné dans la vie économique une telle perturbation que le gouvernement aurait été acculé à donner satisfaction aux personnels en grève.

Toutefois, nous serons prêts à notre tour. Si les camarades des postes peuvent encore, avec l'énergie et la persévérance dont ils font preuve, tenir quelques jours, le résultat de notre *referendum, fait plus vite que nous le pensions, sera alors connu. Dès lors, notre mouvement se combinerait avec le leur. Et la C. G. T., voyant cette formidable poussée, pourrait organiser la grève générale de tout le prolétariat.*

On considéra alors ce langage du secrétaire général du Syndicat national des chemins de fer comme un simple *bluff* ; et quoiqu'un ordre du jour dans le sens de la grève des voies ferrées ait été adopté dans ce meeting du 17 mai 1909 par les représentants réunis des postiers et des cheminots, il semble bien que ceux-ci ne projetaient pas sérieusement la grève en ce moment. Ils n'étaient pas prêts ; les postiers, d'ailleurs, étaient déjà en pleine déroute : la grève des chemins de fer n'ayant pas éclaté, ils se prétendirent trahis. Le secrétaire général du Syndicat des cheminots, M. Guérard, dut donner sa démission de ce poste. Il reste établi, néanmoins, qu'au mois de mai 1909, il avait été publiquement question d'une grève simultanée des postes et des chemins de fer.

Parmi les grandes grèves de ces dernières années, « grèves spontanées, » c'est-à-dire immédiates et sans même parfois d'exposé de griefs, où le gouvernement a montré la plus lamentable et la plus persistante faiblesse, on doit citer les grèves répétées des inscrits maritimes de Marseille. Plusieurs années au printemps, les communications ont été soudain interrompues entre la France, l'Algérie et la Tunisie, du chef de ces suspensions soudaines de travail. Les inscrits maritimes ne sont pas des ouvriers ordinaires ; ils relèvent de l'administration de la Marine ; ils sont sujet à des règlements stricts, qui ont des compensations pour eux, notamment l'allocation d'une retraite que sert la Caisse des invalides de la Marine. Rien donc n'était plus facile au gouvernement que de prévenir et de réprimer ces grèves, manifestement illégales ; il ne l'a jamais sérieusement tenté. Bien plus, des comités mixtes ayant été constitués pour concilier les parties en cas de désaccord, les grévistes n'en ont tenu aucun compte ; c'est là un médiocre augure pour les organisations de même nature que l'on paraît avoir l'intention d'établir aujourd'hui dans les services publics.

Toute cette série de défaillances gouvernementales devait répandre de plus en plus l'esprit d'indiscipline et développer les exigences des personnels variés des services publics ou des gens qui s'arrogent le droit de parler en leur nom. C'est ainsi qu'a éclaté la récente grève des chemins de fer. Le gouvernement, cependant, avait, à différentes reprises, montré une extrême sollicitude pour les employés des voies ferrées ; il avait poussé la bienveillance à leur égard jusqu'à l'illégalité, en faisant modifier par le Parlement, quoique le cahier des charges fait avec les Compagnies ne lui en conférât pas le droit, les conditions d'âge et de quotité de retraites des employés de chemins de fer. Ces libéralités furent considérées comme des preuves de faiblesse : la grève éclata sur le réseau du Nord ; elle gagna et avec plus de violence celui de l'Ouest-Etat ; cette constatation est remarquable : l'administration des chemins de fer de l'Etat a déclaré que, depuis deux ans environ qu'elle a racheté le réseau de l'Ouest et qu'elle l'exploite, elle a accru de 15 millions la dépense en personnel. Il serait superflu d'examiner ici les revendications des grévistes : le rapporteur de la Commission du budget pour les conventions avec la Compagnie, M. Lafferre, aujourd'hui ministre du Travail, en a estimé le montant à 252 millions. Le budget, non seulement des Compagnies, mais de l'Etat, partie exploitant, partie garant, serait complètement écrasé par des charges de ce genre. Il suffit, d'ailleurs, de rappeler que le recrutement du personnel des chemins de fer s'effectue avec la plus grande facilité : pour une place vacante, il y a une dizaine de demandes. On se plaint constamment de l'abandon des campagnes : est-ce le moyen d'y maintenir des ouvriers que d'augmenter sans cesse les avantages déjà notables qu'ont les employés des services publics relativement aux ouvriers des champs ?

La dernière grève a avorté au bout de peu de jours ; la plupart des employés, même pour les deux réseaux atteints, le Nord et l'Ouest-Etat, sont restés à leur poste, bien que, d'après certains renseignements, il y ait eu, à un moment, 6 000 employés manquant sur le réseau de l'Ouest-État, qui en compte 25 000. Heureusement, le personnel des trois autres grands réseaux voisins, ceux de l'Est, du Paris-Lyon-Méditerranée et de l'Orléans, ne s'est aucunement laissé entraîner. Il y a eu, au contraire, sur le réseau excentrique du Midi, mais d'une façon tardive et sporadique, quelque agitation, qui aurait pu, si la situation était restée quelque temps tendue, aboutir à une grève partielle. Le danger extrême a donc été conjuré dans le passé. Le sera-t-il toujours à l'avenir ? Les chefs syndicalistes n'ont nullement renoncé à leur projet d'amener, par d'énormes grèves concertées dans les services publics, une « révolution économique, » suivant l'expression de l'un d'eux. L'organe du « Syndicat national des Travailleurs de chemins de fer, » la *Tribune de la Voie ferrée*, qui avait un moment suspendu sa publication, l'a reprise, et bien loin d'être découragée ou repentie, elle fait des plans de grève nouvelle pour l'avenir : « Si nous n'avons pas réussi pleinement, dit-elle, c'est que la grève s'est trouvée engagée plus précipitamment que le Comité de grève ne l'avait décidé lui-même ; c'est qu'ainsi, au lieu d'un vaste mouvement à extension rapide, nous avons eu un déclenchement qui a fait marcher la province trop longtemps après Paris, et rentrer Paris lassé, quand, en maints endroits de province, le mouvement buttait encore son plein. » En même temps, l'un des chefs de la Confédération générale du Travail, M. Griffuelhes, expose des plans menaçants.

Est-il vraisemblable que, après une préparation plus minutieuse et plus méthodique, dans quelques années d'ici, éclate une grève qui deviendrait effective, au moins partiellement, sur tous les réseaux et qu'elle coïncidât avec une grève des postes et télégraphes et peut-être aussi des employés de tramways ? Ce serait la grève générale, dans la mesure et sous la forme que comporte la constitution des sociétés modernes. Ce serait la révolution syndicaliste.

Les chefs des grands syndicats et les dirigeants de la Confédération générale du Travail voudraient imposer toutes leurs conditions. Ils ne se préoccupent pas de la politique suivant la conception historique des classes gouvernementales : les questions extérieures, celles de religion et de direction scolaire, leur sont indifférentes. Ils laisseraient subsister l'ombre du gouvernement et du Parlement, l'ombre des administrations publiques, pourvu qu'on satisfît leurs intérêts et leurs appétits de classes : ils se contenteraient, au début du moins, de subalterniser, sans les renverser, les pouvoirs publics. Qu'on donnât aux cheminots les 252 millions par an d'augmentation de traitements ou de retraites qu'ils demandent, les réductions de la journée de travail, les transports gratuits et les congés plus fréquents ; qu'on fît de même pour les postiers, les employés de tramways et de tous les services publics ; ce serait 400 à 500 millions que le gouvernement et le Parlement auraient à trouver ; les vainqueurs leur laisseraient cette besogne ardue.

Les dirigeants des grands syndicats ont même une autre prétention, qu'on a affichée en Italie et qu'on commence à formuler en France. Ils voudraient que toutes ces différentes grandes exploitations, conduites aujourd'hui par l'Etat ou par les Compagnies concessionnaires, fussent remises au personnel qui les administrerait par ses autorités syndicales et verserait aux pouvoirs publics l'excédent des recettes sur les dépenses, s'il restait quelque chose de liquide. Postes, télégraphes, téléphones, voies ferrées, tramways, installations d'eaux, d'électricité, de gaz, deviendraient ainsi la propriété corporative des syndicats ouvriers : ce seraient les autorités syndicales ouvrières qui choisiraient les directeurs, ingénieurs, contremaîtres, qui commanderaient les fournitures, etc.

Voilà la Révolution syndicaliste au premier degré. On serait, sans doute, entraîné à passer vite au second degré : les ouvriers de toutes les industries, les ouvriers terriens également, se sentiraient pris d'émulation et revendiqueraient aussi qu'on remît à leurs syndicats tous les instruments de travail, quitte à promettre en redevance aux possesseurs actuels évincés l'excédent éventuel des recettes sur les dépenses ou une part de cet excédent. Alors la révolution syndicaliste serait intégrale.

Section V

Y a-t-il quelque chance que cette révolution s'accomplisse, à une date plus ou moins prochaine ou, tout au moins, qu'on la tente ? Evidemment, le milieu social, les intérêts actuels, les habitudes traditionnelles opposeront une résistance : et l'on peut penser que celle-ci, lors de la première expérience, sinon peut-être toujours, sera efficace et triomphera. Il n'est pas absolument certain, toutefois, qu'il en sera ainsi indéfiniment quand les expériences se répéteront et que l'esprit public sera plus familier avec ces tentatives et ces conceptions. En tout cas, les secousses auxquelles donneraient lieu ces mouvements syndicalistes révolutionnaires concertés seraient graves et par elles-mêmes et par leurs conséquences : outre l'immense perturbation dans le crédit et dans la production, et l'amoindrissement de la richesse publique, c'est-à-dire des fonds auxquels puisent, pour leur fonctionnement, les entreprises et le travail lui-même, ces secousses pourraient aller jusqu'à une sorte de guerre civile.

Que peut-on faire et que projette le gouvernement pour écarter ce danger ? On a vu qu'il a été produit, sans doute, par certaines lacunes de la législation, mais beaucoup plus par une série indéfinie de défaillances, en quelque sorte conscientes et voulues, sinon même systématiques, des pouvoirs publics, gouvernement, parlement, magistrature. Tous ces organes de la puissance publique ont employé leur temps et leurs efforts, depuis au moins douze ans, à détruire ou décourager tous les éléments sains et résistants de la nation, et à surexciter et développer tous les éléments malsains. A l'heure où nous écrivons, nous ne connaissons pas exactement les projets du gouvernement et ne pouvons les juger.

Pour prévenir la révolution syndicaliste, bien autrement redoutable que les émeutes incohérentes d'autrefois, il faut, à la fois, un régime général, une hygiène sociale et certains spécifiques.

Voyons quels peuvent être ceux-ci : on projette d'abord d'intéresser les syndicats au maintien de l'ordre en leur donnant la capacité de posséder. L'idée est excellente, mais elle part d'une observation incomplète : cette faculté de posséder, les syndicats, on l'a vu par l'analyse que nous avons faite de la loi de 1884, les syndicats l'ont, en vertu de l'article 6, sans autre restriction qu'en ce qui concerne les immeubles. Qu'on supprime cette restriction, on fera bien, pour le principe, mais cela ne changera guère la situation des syndicats. Ils n'ont pas, il est vrai, la circulaire de M. Waldeck-Rousseau du 25 août 1884 le déclare, la plénitude de la personnalité civile : « La personnalité civile accordée aux syndicats n'est pas complète, dit cette circulaire, mais elle est suffisante pour leur donner toute la force d'action et l'expansion dont ils ont besoin. » Qu'on leur donne la liberté civile complète, soit ; cela comportera le droit de recevoir des dons et legs, qu'ils ne paraissent pas avoir aujourd'hui ; mais leur situation n'en sera guère changée, car, en fait, ils ont toujours pu recevoir des dons, et il est très peu vraisemblable qu'il soit fait aux syndicats ouvriers des legs importants. En mettant les choses au mieux, il faudra bien des dizaines d'années pour que les syndicats ouvriers français arrivent à posséder une fortune notable, les cent principales *Trades-Unions* britanniques, qui ont pour la plupart près de trois quarts de siècle d'existence et qui comptent 1 460 000 membres, n'ayant, en 1907, qu'une fortune de 141 millions de francs. Ainsi, l'octroi de la personnalité civile complète aux syndicats régulièrement constitués apparaît, sans doute, comme une mesure recommandable ; mais elle ne peut avoir, à une date prochaine surtout, les effets considérables que certaines personnes en attendent.

Passons aux mesures répressives. On interdira la grève aux employés des services publics, soit exploités par l'Etat, soit concédés. On aura raison ; la mesure est nécessaire ; elle est justifiée en droit et en fait. Il serait inutile d'en fournir ici la preuve. Il est indispensable d'éclairer le personnel des services publics qui, grâce aux hésitations et aux défaillances gouvernementales, ignore encore, à l'heure présente, s'il est soumis au droit commun, en ce qui concerne les grèves, ou si, au contraire, les privilèges considérables dont il jouit et les nécessités de la vie nationale légitiment quelque restriction pour lui du droit commun en cette matière. Il est utile que le public soit instruit de ce qui est licite et de ce qui est interdit ; c'est toujours là un frein et un appui moral, sinon pour tous, du moins pour un grand nombre. Il faut que l'interdiction de la grève dans les services publics soit tout à fait précise et comporte des sanctions sérieuses, la perte de la situation, des droits à la retraite par exemple. On fera bien de profiter de cette occasion aussi pour mieux définir, là où il est autorisé, c'est-à-dire dans les industries soumises à la concurrence, le fait de grève, ce que l'on appelle à tort le droit de grève, qui ne doit comporter, en aucune circonstance, la violation des contrats, au point de vue notamment des délais de congédiement ou de cessation de travail.

Dans les projets annoncés il se glisse certaines parties périlleuses : pour suppléer au droit de grève enlevé au personnel des services publics, on instituerait une procédure d'arbitrage obligatoire. Il serait fort à craindre que, dans la pratique, cela ne multipliât, au lieu de les réduire, les occasions de *friction*, comme disent les Anglais ; les chefs des syndicats susciteraient sans cesse des demandes nouvelles, pour lesquelles, étant donné le caractère habituel et la tendance naturelle de l'arbitrage, ils obtiendraient toujours quelque satisfaction : ce serait un chantage permanent, qui aurait des conséquences financières désastreuses. Les garanties les plus efficaces pour le personnel des services publics et les seules qui ne soient pas incompatibles avec l'intérêt général, ce sont les nécessités du recrutement, obligeant à conformer les salaires et les traitements aux exigences légitimes et même aux simples convenances ; c'est aussi la surveillance et le contrôle de l'opinion publique.

On modifierait la loi sur la constitution et le fonctionnement des syndicats, et l'on en comblerait les lacunes ; les unions de syndicats professionnels, que l'article 5 de la loi de 1884 autorise en termes très vagues, ne seraient permises désormais qu'entre syndicats similaires ou connexes. On veillerait aussi à ce que, dans chaque syndicat ou dans chaque union de syndicats, les pouvoirs des membres fussent égaux et que les syndicats minuscules n'eussent pas, dans ces Unions, ce qui est parfois le cas aujourd'hui, autant ou plus de voix que les syndicats comptant un plus grand nombre de membres. On interdirait à tous ces groupements d'employer ou de préconiser le sabotage ; la provocation et l'incitation à cette pratique seraient assimilées à l'action, ce qui permettrait d'atteindre les meneurs.

Toutes ces modifications seraient utiles. Il faudrait y en ajouter quelques autres, notamment le rétablissement de l'article 416 du Code pénal, indispensable pour contenir la tyrannie syndicale. Nous devons dire, en outre, que, si utiles que soient ces mesures, elles ressemblent à des spécifiques qui, sans un changement de régime général, sans une bonne hygiène sociale et morale, risquent d'être inefficaces.

Au lieu d'une énergie intermittente des pouvoirs publics qui se répand surtout en déclarations, oubliées le lendemain, en projets de loi dont on ajourne le vote ou dont on énerve le texte, il faudrait une énergie soutenue, persistant durant des séries d'années. Les condamnations prononcées devraient être définitives ; les révocations, sauf au cas exceptionnel de manifeste erreur, devraient être maintenues. La fermeté ne devrait pas se démentir. Aujourd'hui, au contraire, les pouvoirs publics pèsent sur les Compagnies pour amener une révision générale des révocations. Les organismes manifestement révolutionnaires devraient être détruits. Comment se fait-il que l'on n'ait pas fermé la Bourse du Travail de Paris avant, pendant ou après la grève des chemins de fer ? La loi autorisait cette fermeture, un grand nombre des syndicats qui la composent étant irréguliers, et cette institution ayant manifestement dévié de sa destination légale, toute technique et pacifique. Non seulement la loi autorisait cette fermeture, mais un précédent, celui de M. Charles Dupuy en 1893, la recommandait. Comment se fait-il également qu'on laisse éternellement fonctionner la Confédération

Paul Leroy-Beaulieu

générale du Travail ? Ainsi le gouvernement légal, par une inexcusable pusillanimité, laisse fonctionner à côté de lui une sorte de gouvernement insurrectionnel, dont le prestige et l'audace s'accroissent de la timidité des pouvoirs publics.

Une hygiène sociale générale, le groupement de tous les éléments sains de la nation, le respect de toutes les influences traditionnelles qui travaillent en faveur de la discipline, de l'esprit de devoir, voilà ce qui peut constituer, en face des périls présents et futurs une force de résistance efficace. La prépare-t-on ? Quand Bonaparte voulut arrêter la Révolution, il sentit le besoin d'effectuer une réconciliation nationale de tous les éléments sains, et il fit le Concordat. La composition du second ministère Briand fait éclater à tous les yeux que son chef a une autre conception. L'avenir montrera si la nouvelle méthode vaut l'ancienne.

Notes

1.   Voyez dans la Revue des Deux Mondes du 1er août 1908 notre article intitulé : le Syndicalisme. — La Confédération générale du travail. — La Théorie de la violence. Voyez aussi notre ouvrage : le Collectivisme, l'Évolution du Socialisme depuis 1895 ; le Syndicalisme, 5e édition.

2.   Voyez notre Traité théorique et pratique d'économie politique, 5e édition, tome II, page 458.

3.   Cette circulaire est reproduite intégralement en tête de tous les Annuaires successifs des Syndicats professionnels.

4.   Voyez Georges Sorel, Réflexions sur la violence, pages 185 et 186.

5.   Annuaire des Syndicats professionnels, 16e année, 1908-1909, p. XXXI à XXXIII.

6.   Annuaire des Syndicats, 16e année, page L (Introduction).

7.   Georges Sorel, Réflexions sur la violence, pages 189 et 190.

8.   Voyez dans la Revue des Deux Mondes du 1er août 1908 notre article intitulé : le Syndicalisme ; la Confédération générale du Travail ; la Théorie de la violence et également notre ou-

vrage: le Collectivisme ; l'Évolution du Socialisme depuis 1895 ; le Syndicalisme.

9.   Cet extrait de la législation britannique a été publié, quelques jours après la grève des électriciens, dans l'Économiste Français du 23 mars 1907.

ISBN : 978-1722914844

Paul Leroy-Beaulieu

www.ingramcontent.com/pod-product-compliance
Lightning Source LLC
Chambersburg PA
CBHW072329270726
48658CB00016B/2219